U0919862

Selected Poems of Yeats

世间的玫瑰

叶芝诗选

[爱尔兰]叶芝 著　文竹 译

天地出版社 | TIANDI PRESS

图书在版编目（CIP）数据

世间的玫瑰：叶芝诗选 / [爱尔兰] 叶芝著；文竹译. -- 成都：天地出版社, 2019.1
ISBN 978-7-5455-4262-2

Ⅰ. ①世… Ⅱ. ①叶… ②文… Ⅲ. ①诗集－爱尔兰－现代 Ⅳ. ①I562.25

中国版本图书馆CIP数据核字(2018)第235790号

SHI JIAN DE MEIGUI: YEZHI SHIXUAN
世间的玫瑰：叶芝诗选
[爱尔兰] 叶芝 / 著 文竹 / 译

出 品 人 杨政
责任编辑 罗月婷
封面设计 一个人・设计
制 作 最近文化
责任印制 田东洋

出版发行 天地出版社
（成都市槐树街 2 号 邮政编码：610014）
网 址 http://www.tiandiph.com
http://www. 天地出版社 .com
电子邮箱 tiandicbs@vip.163.com

印 刷 三河市华润印刷有限公司
版 次 2019 年 1 月第一版
印 次 2019 年 1 月第一次印刷
成品尺寸 145mm × 210mm 1/32
印 张 8
字 数 128 千
定 价 39.80 元
书 号 ISBN 978-7-5455-4262-2

版权所有◆违者必究
咨询电话：（028）87734639（总编室）

目录

路口
（1889）

落叶

秋天来到了狭长的树叶上，
也来到了藏在麦垛里的老鼠身旁；
花楸树的叶子被它吹黄，
野草莓的叶子也一样。

爱情凋零的季节已把我们包围，
充满悲伤的心已疲惫不堪；
我们分开吧，趁那充满热情的季节还没有过去，
在你低蹙的眉头留下一个吻和一滴泪。

柳园里

柳园里，我曾与我的爱相遇，

她用那双雪白的脚丫走过柳园。

她让我对待爱情，要像树上的柳条一样轻松；

但我很傻很年轻，没有听从。

在河边草地上，我曾与我的爱站在一起，

她那雪白的手搭在我的肩头。

她让我对待生活，要像河边的青草一样轻松；

但我很傻很年轻，现在只能哭泣。

印度情诗

晨光中，小岛静静地睡着，
高大的树木安宁而平静；
孔雀在草地上跳舞，
鹦鹉在树枝上鸣叫，
仿佛在斥责釉彩般的海水中自己的倒影。

我们就在这里停泊，
手拉着手慢慢散步，
嘴对着嘴缓缓倾诉，
我们在沙滩上，在草地上，

讲述那片大陆是多么不安与遥远。

这里只有我们两个人，
在这静谧的树下躲避，
我们的爱孕育了一颗印度之星，
它带着闪耀的光芒，
从波光粼粼的浪花中飞掠而过。

那深沉的大树，耀眼的白鸽，
整整哭泣了一百天。
我们死去之后，影子会随处游荡，
当黄昏覆盖在小路上时，
就会踏着雾气走过已经熄灭的海洋。

到水中小岛去

娇羞的，娇羞的，
我那娇羞的心上人，
娇羞地在炉边忙活，
忧虑地躲在那里。

她把一只只碗碟
摞在一起。
我多想带她
到水中的小岛去。
她又拿来许多蜡烛，
照亮拉着帘子的房间，

娇羞地站在过道，

娇羞地站在阴暗的地方。

她贤惠又娇羞，

像一只小兔子。

我想带她一起飞到

水中的小岛。

蜉蝣

“从前，你看我时从不会感到厌倦，
现在却悲哀地低垂双眼，
因为爱情已经消逝。”
但她答道：
“虽然爱情已逝，但我们再一次
回到那孤独的湖边，
一起回味那温存，
当激情已经疲倦睡去，
群星是那么遥远，我们的初吻
是那么遥远，啊，我的心是那么苍老！”

他们忧郁地走过衰败的树林，
他轻轻拉住她的手说：
“我们的心充满彷徨，被激情所损耗。”

他们在树林中，黄叶落下
像夜空里坠落的流星，有一只
老兔子在小路上一瘸一拐地跑过。
他被秋意包围：这时，他们
又来到了孤独的湖边。
他转过头，看到她在胸前和头上
插满了枯叶[1]，
眼中闪着泪光。

“不要难过，”他说，
“我们虽然已经感到倦怠，但前面还有新的爱情；
尽情地去爱和去恨吧，这样才能无怨无悔。
我们面前是永恒，我们的灵魂
就是爱和没有尽头的告别。”

---

[1] 女子用枯叶反讽婚礼上的花环。

被诱拐的孩子[1]

在斯利希[2]森林中陡峭的山坡上
被湖水覆盖的地方，
有一座绿色的小岛，
岛上那扇动翅膀的苍鹭
会将打瞌睡的河鼠惊醒。
我们在岛上把仙桶藏起，
里面装满了草莓
和偷来的香甜樱桃。
人类的孩子，快来啊！
来到这山中的湖泊
和精灵拉着手，
人世间有很多忧愁你无法承受。

---

[1] 爱尔兰传说中，仙子会把人引诱到青春岛，被诱拐的人会失去灵魂。

[2] 诗中所提到的地名都在叶芝家乡斯莱戈附近，后文中的小岛指茵尼希弗利岛。

月光下潮水波光粼粼，

沙滩也被照亮，

在玫瑰园的最深处

我们彻夜舞蹈，

跳着各种古老的舞步，

手臂和眼神相互交错，

直到月亮也从西边落下。

我们不停地跳着

追赶轻盈的浪花，

而人世间却充满了痛苦

人们在夜晚辗转难眠。

人类的孩子，快来啊！

来到这山中的湖泊

和精灵拉着手，

人世间有很多忧愁你无法承受。

在那溪流从格伦卡峡谷
喷涌而出的地方，
草丛中的潭水
终于被星光照耀，
我们抓到了睡着的鳟鱼
在它们耳边耳语
搅扰它们的美梦；
又轻轻地从
小河边
滴着泪水的草丛上走过。
人类的孩子，快来啊！
来到这山中的湖泊

和精灵拉着手，

人世间有很多忧愁你无法承受。

和我们一起的

表情严肃的孩子即将离去。

他不会再听到

山坡上小牛的叫声，

也听不到火炉上的水壶

从肚子里发出的歌声，

再也看不到棕褐色的老鼠

在粮食堆旁边绕圈。

因为那人类的孩子，来了，

来到这山中的湖泊

和精灵拉着手，

离开那有很多无法承受的忧愁的人世。

玫瑰

（1893）

白鸟

亲爱的，多么希望我们是波浪中的白鸟！
流星划过之前，我们已经对它感到厌倦；
闪着蓝光的晨昏之星已经低低地挂在天边，
亲爱的，它让我们心中感到忧伤。

那些睡梦中的，饱含露水的百合与玫瑰，已经露出疲态。
亲爱的，不要再想流星那逐渐消失的光芒，
或者低垂在天边的晨星的蓝光，
因为我希望我们变成乘风破浪的白鸟：我和你！

我梦想着遥远的岛屿和达南海滨[1]，
在那里时间会停止，

[1] 爱尔兰传说中的永生之境。

忧愁也找不到我们；

我们即将告别玫瑰、百合以及折磨人的火焰，

亲爱的，让我们变成白鸟，在波涛中翱翔！

群仙歌

狄阿米德和葛莱尼亚[1]成为幸福的夫妻，相拥在石栅栏下，群仙都为他们欢呼。

我们愉悦地迈向了老年，
没有半点虚假！
一切都像注定的
不管多大年龄。

让这些孩子，新生命，
拥有平静与爱情，
在露水降下的漫漫长夜，
仰望浩瀚星辰；

让这些孩子，新生命，

[1] 狄阿米德长得很帅，是爱尔兰传奇中一个老英雄的儿子。葛莱尼亚长得很漂亮，和狄阿米德一起出逃后遇难。

远离俗世的平静，
把一些更有趣的事儿
告诉我们。

我们愉悦地迈向了老年，
没有半点虚假！
一切都像注定的
不管多大年龄。

写给时间十字架上的玫瑰

火红的，骄傲的玫瑰，与我忧郁相伴的玫瑰！
快来啊，我唱起那古老的歌谣：
库胡林[1]和巨浪奋勇拼搏；
来自山林的德鲁伊，有着花白的头发和坚定的眼神，
为福格斯带来了梦想和灾祸；
以及你的忧伤：群星
在银光闪闪的海上舞蹈中逐渐老去，
它们唱起高昂而孤独的歌曲。
来啊，不要被人类的命运遮蔽双眼，
我发现，在爱与恨交织而成的枝叶下，
在所有短命的可怜虫中，
只有美保持着她永恒的步伐。

---

[1] 库胡林和下文的福格斯都是爱尔兰传说中的英雄。德鲁伊是指古凯尔特人的祭司。

来啊，来啊，来啊——啊，给我
留一些地方，让玫瑰的芬芳来填充！
以免我再也听不到那些平凡的请求：
躲在洞穴中的柔软的小虫，
钻进草丛中的田鼠，
以及人世间那些不断升起又熄灭的希望；
而是独自一人寻找，聆听上帝对那些智慧的
逝者所讲述的奇特事情，
并掌握一门无人知晓的语言。
来啊，我多想在我离开之前，
唱起古老的爱尔兰那古老的歌谣：
火红的，骄傲的玫瑰，与我忧郁相伴的玫瑰！

湖中的茵尼希弗利岛

我就要起身，到茵尼希弗利岛去，
在那里用泥土和木板建一座茅屋；
我还要种九排豆畦，养一箱蜜蜂，
然后就在这林中逍遥自在。

我在那里会得到安宁，因为它会从清晨的薄纱中
慢慢滴落在蟋蟀唱歌的地方；

那里的正午热气蒸腾，夜晚群星熠熠，
傍晚有朱顶雀从空中飞过。

我就要起身了，因为日日夜夜
我都能听到湖水拍岸的声音；
不管我站在大路还是人行道上，
我都能听到它在我心灵深处激荡。

摇篮曲

天使们在你们床上方
向下俯瞰；
他们不想再与
悲伤的逝者相伴。

上帝看到你这样美好
在天上露出了笑脸；
那为船只引航的七星[1]
也跟着他一起感到高兴。

[1] 指金牛座昴宿星团的七颗明星，当它们最亮的时候就是地中海最适合航行的季节。

我叹息着亲吻你，

因为不得不承认

当你长大的那天

我就会失去你。

爱之怜悯[1]

在充满爱的心中
有一种莫名的怜悯：
那些做买卖的乡邻，
那天空中飘动的云，
那呼啸而过的冷风，
还有那幽暗的榛树林，
树林中那灰色的河水，
都威胁着我所爱之人。

[1] 英国谚语：爱与怜悯密不可分；怜悯会产生爱。

爱之悲伤

屋檐下麻雀的啁啾，
明亮的月光和群星，
还有那些树叶合奏的歌曲，
都将人的形象和呼喊遮掩。

走来了一位少女，她的朱唇中饱含悲伤，
好像整个世界在哭泣，
像奥德修斯和那航船一般命途艰难，
又像普里阿摩斯和战友赴难时那样骄傲。[1]

她走来了，在立刻沸腾起来的屋顶上，
升起了一轮明月，
还有那树叶演奏的悲歌，
组成了人的形象和呼喊。

---

[1] 特洛伊沦陷后，国王普里阿摩斯被杀死，几乎所有的王子都遇难了。

两棵树

亲爱的，关注自己的内心吧，
那里有圣木生长；
神圣的枝条快乐地抽芽，
又结满了饱满的花朵。
它的果实色彩斑斓
让群星快乐地闪耀；
它那地下的根系稳固而坚定
让夜晚变得安宁；
它茂密的树冠随风摇摆
给波浪增添旋律，
让我的嘴唇随着音乐开合，
给你演唱充满魔力的歌曲。
在那儿，爱情围成圆环，
我们时代的燃烧的圆环，

不停地来回旋转，

在那宽广、无畏的漫漫长路；

只要想到那随风飘扬的头发

以及轻盈的脚步，

你的眼中就柔情满满：

亲爱的，关注你的内心吧。

别看那面充满痛苦的镜子，

那是魔鬼耍的花招

趁我们不小心时立在我们眼前，

只看一眼就足矣，

因为那里充满了毁灭之景

是在狂风暴雨的夜晚留下的，

树根被拔出，埋在雪地，
枝条折断，树叶焦黑。
在魔鬼们立起的黑暗之镜中，
一切都变成了废墟。
这面照出疲惫的镜子
是上帝年老体衰时创造的。
在那残破的枝叶中，
一群聒噪的乌鸦来回盘旋，
来来回回地飞着，叫着，
伸出凶猛的利爪，张开饥渴的鸟喙，
有几只偶尔在风暴中停下，
扇动着残破的翅膀。唉！
你眼中的柔情会逐渐被冷酷取代，
不要看那面充满痛苦的镜子。

退休者之悲歌

虽然我如今躲在歪脖树下
躲风避雨，
但我也曾靠在炉火旁，
和朋友们无数次
谈论爱情或政治，
直到我的容颜被时间改变。

尽管年轻人又心怀恶意
在制造武器，
还有暴徒冲着暴君
发泄怒气，
但我却在思考时间，
它使我的容颜改变。

任何女人都不会转过身

瞟这棵歪脖树一眼，

但我爱过的那些美

会永远珍藏在我心中，

我多想冲着时间吐唾沫

因为它使我的容颜改变。

谁是佛格斯的同行者

谁是佛格斯的同行者，
经过群山小路，
把平坦的沙滩当作舞台？
皱眉吧，年轻人；凝视吧，少女们。
一往无前，
不要被神秘的爱情所束缚，
因为佛格斯掌握着
那古铜色的车马，丛林中的重影，
胸怀博大的大海和乱成一团的群星。

当你老了

当你老了，头发花白，
在炉火边昏昏欲睡，请拿起这本书，
仔细品读，回想你那双曾经饱含温柔的双眼，
如今却已眼窝凹陷。

很多人曾经爱你那短暂的风华，
爱你那动人的美貌，不论假意还是真心，
但只有一个人爱慕你那不断追寻的灵魂，
更爱你那刻满憔悴与痛苦的容颜。

之后你会靠在通红的炉挡旁，
略带忧伤地抱怨，爱已逝，
它飘到了远山中，
隐藏在群星背后。

苇间风
（1899）

美妙的恒久的声音

噢，美妙的恒久的声音，快快停下来，
天堂的卫士们在等你，
要他们以你们的心意为方向走向四方，
时光一去不复返；
你们听说过吗，我们的心已然老去，
任由你们在鸟声中、山风中，
晃晃悠悠的枝叶中、岸边的波涛声中嘶鸣？
噢，美妙的恒久的声音，快快停下来。

心里盛开的玫瑰

所有那些丑陋、破旧的事物，
那路边婴孩的哭声，大车的碾压声，
农夫踏在寒冷土地上的脚步声，
都使你的样子变形，在我的心底开出一朵玫瑰。

所有那些丑陋事物都在不停歪曲你的形象，
我想要把它们重新修整，然后坐在绿色的山坡上，
看着已焕然一新的天空和大地，像一只金色的盒子
在我的梦中盛满你美丽的身影，
在我的心底开出一朵玫瑰。

情人低语浪漫的情话

那令人诟病的一切会毁损你的形象，
马路边，有个小孩在哭泣，运木车缓缓经过，
耕夫艰苦劳作，让潮湿的土地变得松软，
我心底的情话，会遭到损坏。

那一切粗鄙的形象是一言难尽的破坏；
我希望对它们进行再次修缮，之后坐在苍翠的山坡上，
远远望着再次建设起来的大地、天空、流水，
让你曼妙的身姿入了我的梦，我心底的情话。

向着曙光

这疲惫时代中的疲惫心儿，
快把那些是是非非都清除吧。
心儿，欢笑吧，朦胧的曙光已来临；
心儿，叹息吧，清晨的露水已来临。

你那爱尔兰母亲青春永驻，
永远有着剔透的露珠和朦胧的曙光；
就算你失去了所有的希望和爱情，
被恶意诽谤的火焰焚烧。

心儿，快来吧，来到崇山峻岭中，
因为那儿有一种神奇的力量
能使太阳、月亮、山谷、树林
以及河流和溪水完成自己的使命；
而上帝在旁边吹奏着寂寞的曲调，
时间和世事川流不息；
朦胧的曙光温柔过爱情，
清晨的露珠可爱过希望。

静下来吧，爱人

我听到幻境中的马群[1]，鬃毛随风摇曳，
它们发出沉重而杂乱的马蹄声，眼睛闪闪发亮。
它们北方的天空展开黑色的夜幕，
东方透露出隐藏的欢乐，黎明将至，
西方滴下昏暗的露珠，叹着气离开，
南方盛开着红如火焰的玫瑰。
啊，睡梦、希望、梦想和欲望全部幻灭，
灾难的马群在俗世中被淹没。

---

[1] 爱尔兰传说中，天空、海浪和永生之境中有成群的仙马。

爱人啊，请半合双眼，让你的心
在我心上跳动，你的长发在我胸前垂下，
就让爱情那寂寞的时刻在安宁的暮色中沉寂，
并把它们飘扬的鬃毛和杂乱的蹄声掩埋。

安格斯的漫游[1]

我去过那片榛树林[2]，
因为我心中有火焰燃烧，
砍下榛树枝做成长杆，
再用一根线系上一颗浆果；
白色的飞蛾布满天空，
当飞蛾般的星辰闪着光芒，
我把浆果扔进河水，
钓上来一条银色鳟鱼。

---

[1] 安格斯是爱尔兰传说中的爱神，他爱上了梦中的美人，便到全世界寻找她。

[2] 榛树是爱尔兰传说中的圣树。

我把小鱼放在地上，
扭头想把炉火烧旺，
地板上突然传来沙沙的声音，
有人在叫我。
小鱼变成了闪闪发光的女孩，
苹果花点缀着她的长发，
她喊了一声我的名字
就在一片光芒中消失不见。

就算我要找遍所有的山谷，
在漫游中一天天老去，
我也一定会找到她，

亲吻她，牵着她；

从荒芜的草丛中走过，

一直到时间尽头仍在采摘，

月亮的银苹果，

太阳的金苹果。

缅怀逝去的美

我怀抱着你的时候，就是
把我的心与美好紧紧贴在一起，
虽然它被世人遗忘已久。
军队溃败时，君王们把皇冠
丢在了昏暗的水塘；
那些爱做梦的贵族姑娘
曾用金银丝线编织爱情故事，
现在却只喂养凶狠的蠹虫；
名媛们曾经在发辫上
装饰着玫瑰，
她们戴着滴露的百合花
穿过圣洁的走廊，
那里烟雾缭绕，

只有上帝才能睁着双眼，

因为那些洁白的胸脯和柔软的手臂

来自那更喜欢做梦的地方

和更喜欢做梦的时代。

当你在亲吻中发出叹息，

我听到那一袭白衣的美之女神也叹了口气，

因为在这种时刻一切都会像晨露般消散，
只有火焰中的火焰，深渊中的深渊永存，
帝王中的帝王打着瞌睡，
他们把利剑放在膝头，
思索着她的神秘与高贵。

老母亲的歌

黎明时分，我就起来生火，
火光四射；
然后我开始忙活；
直到夜幕降临；
快乐地在床上躺着，想象着
胸上头上的丝带要用什么搭配；
她们的生活乏善可陈，
哪怕风吹散长发，也会忍不住叹息；
我因为年纪一大把了，不劳动是不行的，
而火光渐渐也越来越不熄灭了。

对鹬鸟的责备

鹬鸟，请停止鸣叫，
否则就到西方大海中去叫吧；
因为你的叫声会让我想到
那双爱意蒙眬的眼睛
和那头浓密的秀发，
它们曾经散落在我胸前；
而风声中充满了凄凉和与悲哀。

献给爱人的几行诗

你把长发用金簪盘起，
把每一丝碎发都梳理整齐；
我的心把这些拙劣的句子拼起，
它日日夜夜，冥思苦想，
用过去的战争
创造出哀怨之美。

你只要抬起洁白的玉手，
扎起头发，再叹一口气，
所有的男人都会意乱情迷。
烛火般闪耀的浪花冲洗着沙滩，
露珠般的群星爬上夜晚的天空，
这都是为了照亮你前进的脚步。

心儿，你不要害怕

颤抖的心儿，请你平静下来，

请记住那流传已久的格言：

谁在面对火焰、波涛

以及星空中呼啸的狂风时吓得颤抖，

那他就会被狂风、火焰和波涛淹没，

因为他不属于

那些孤独而又壮丽的人群。

请原谅那颗纷扰的心

这颗躁动不安的心破坏了你的平静，

它的话比空气还要轻浮，

有时又提出暧昧不明的希望。

请你把头发中的玫瑰揉碎，

再用暮色盖住你的嘴唇，说道：

“我的心是那样纷乱，像风中燃烧的火焰！”

那风比白昼和夜晚更古老，

你的话语和期望来自

灰色仙境中那战鼓阵阵的

古老的云石之城；

来自女王用纤纤玉手织成的

翻飞的紫色战旗。

你看见过尼芙女王[1]年轻时为爱痛苦，

在朦胧的海浪上独自徘徊；

你曾在阴冷寂静之处逡巡

在最后一只凤凰死去的地方，

他那神圣的头颅被火焰包裹。

却依然诉说着渴望。

[1] 爱尔兰传说中青春岛仙境中的女王之一，她曾邀请人类英雄奥新来青春岛居住，后来奥新因思念人间而返回。

可怜的心儿，一直不停地变换，

直到变换也在那纷乱的歌声中死去。

把你胸前洁白的花朵

和乌黑的秀发遮盖，

然后为希望获得安宁的事物叹息一声，

把暮色搅扰。

布满情人的山谷

梦中，我来到一座山谷，周围都是叹息声，
因为我身旁走过了一对对情侣；
我又梦到树林中走出我已经失去的爱，
她那云朵般的眼帘下有着深邃如梦的双眸；
梦中我大声呼喊：女人们，让小伙子们把头枕在你们膝上，
好好歇一歇，把他们的双眼用头发盖住，
否则他们就会因为想着她而忽略其他的美，
一直到所有的山谷都衰败。

至臻无瑕之美

啊，云朵般洁白的脸庞，梦境般迷离的眼眸，
诗人们用一生的时间，
就是为了用格律来塑造那至臻无瑕之美，
来歌颂那女子的眼眸
以及天上那些悠闲的群星。
因此，当露珠昏昏欲睡，
当上帝把时光用尽，
我的心儿心甘情愿拜倒在你脚边
以及天上悠闲的群星之下。

莎草的哀鸣

我在荒凉的湖边

独自漫步，

听到莎草在风中发出哀鸣：

总有那么一天

天空崩塌，群星停摆，

东西两个方向的旗帜

被扔进深渊，

黄道带折断，

你再也不能

紧紧怀抱爱人入梦。

对爱人的诽谤

把你的眼睛半闭，把你的秀发散开，
想到那些骄傲的大人物，
他们四处散播关于你的谣言。
但我要用这首诗和他们抗争，
我只要吹一口气就能写好，
他们的后代会承认他们的谎言。

神秘的玫瑰

遥远而又神秘的玫瑰，
在我激情澎湃的时刻，紧紧抱着我吧；看啊
那些人在圣墓或酒桶中寻找
你的身影，现在已经远离喧嚣噩梦的惊扰；
可你紧闭着洁白的眼帘，沉睡着，
被人称作美。在巨大的花瓣中你用古老的长须
将自己裹紧，像东方三博士
戴上镶满宝石和黄金的皇冠；一位国王亲眼
看到那双手被钉在十字架上，[1]
火炬都被接骨木制成的十字架燃起的烟雾遮蔽，
最后他因狂怒而死；还有他曾看到过
芳德在永远无风的灰色海岸上
踏着露水行走，

[1] 爱尔兰传说中，北方的国王听说耶稣死去后因愤怒而死。

却因为一个吻而失去了艾玛和全世界；[1]

还有他，曾经将神明赶出家园，[2]

他在清晨的花朵开得娇艳时

宴请宾客，在烈士们的坟前放声大哭；

那位充满骄傲的国王为了梦想放弃了王冠，[3]

抛却了忧愁，召唤诗人和小丑和满身酒气的流浪汉一起隐居在山林中；

还有他，变卖所有的田产和房屋，[4]

到世界各地去寻找，

---

[1] 库胡林曾经背着妻子艾玛与仙女芳德偷情，艾玛得知后率领军队攻打他。

[2] 指天人大战后幸存的英雄柯尔特。

[3] 北爱尔兰国王福格斯让位给康胡尔，隐居于山林。

[4] 爱神安格斯抛弃了一切，到世界各地寻找梦中的女子。

多年后，他终于笑中带泪，找到了
一位姑娘，她的美貌光芒四射，
仅靠从她头上偷来的一缕秀发，
那光亮就足够在半夜晒谷。我也像这样
等待你掀起那爱恨交织的狂风。
什么时候才能吹散群星，
像铁匠铺中飞出的火星般逐渐熄灭？
还是说你已经到来，你已经掀起狂风，
遥远而又神秘的玫瑰？

请赐予我元素之力

那些人类无法名状的元素之力
已将永恒的玫瑰摘下；
虽然北斗星一边飞舞一边弯腰哭泣，
天龙星座仍在睡梦中，
他从昏暗的幽冥中渐渐舒展身躯，
他何时才会苏醒？

波涛、狂风和烈焰那无穷的元力啊，
请你们用和谐而神圣的曲调
为我的爱人轻声哼唱，
这样我才会停止忧虑；

请你们用坚实的羽翼，
将日与夜支撑的幕布遮蔽。

那昏暗不明的元力，请让她放松下来
像一杯透明的海水，
四面的风聚拢而来，它那晦暗的杯沿上
有日月在燃烧；
让静谧的音乐编织成的小路
一直陪伴在她脚下。

只愿爱人已经死去

如果你已经死去，四肢冰冷，

西方的群星逐渐消逝，

你就会低着头来到这儿，

我便会把头枕在你胸前；

你会温柔地诉说，并且将我原谅，

因为你已死去；

否则你就会很快离开我，

虽然你有鸿鹄之志，

但你的头发已经纠缠在
群星、月亮和太阳之上；
亲爱的，只愿你躺在
长满酢浆草的大地上，
群星一颗颗黯淡消逝。

只愿拥有天上的霓裳

如果我拥有天上华丽的霓裳，

闪烁着金光和银光，

点缀着白天、黑夜与晦暗的黄昏，

我便会将它铺在你脚下。

但我除了梦，一无所有，

我已经把自己的梦铺在你脚下；

下脚请轻些，因为你脚下踩的是我的梦。

曾经身处灿烂的群星

我曾在青春乐园中痛饮美酒，
但现在却泪流不止，因为我了解了所有真相：
我曾是一棵榛子树，我的枝头上
悬挂着亘古不变的导航星和曲犁座；
而后我变成了任马蹄踩踏的蒲草；
我变成了一个憎恨风的人，
我已经明白，一个人如果远离人世，
失去了心上人，他便无法把头枕在那柔软的胸脯，
也无法再亲吻那头秀发，直到他离开人世。
啊，地上的野兽，空中的飞鸟，
为什么要让我听到你们恋爱的声音？

七座森林

（1904）

愚蠢的安慰

昨天，一位善良的朋友对我说：
“你所爱的人已有白发，
眼角也出现了片片阴影；
时间会赐给人智慧，
人最终总会明白，因此
你只要耐心等待。”
我内心呼喊：“不，
这些话根本不能安慰我，完全不能。
时间会赐予她全新的美：
她是那样高贵端庄，明艳动人，

她动起来时，身上的火焰
会更加明亮夺目。哦，她不会如此，
因为整个明艳的夏天都在她的眼眸里。”

心儿啊心儿！她只要回一下头，
你就会懂得人们的安慰是多么愚蠢。

箭

每当我想起你的美丽，这支幻想之箭，
就深深地刺入我的骨髓。
没有任何男人敢看她一眼，
遥想当年她初长成，
身材高挑，高贵端庄，
脸庞和胸脯就像清新娇艳的苹果花。
现在的美让人感到更亲近，
但我仍忍不住感叹往日的美已经消逝。

往日回忆

思绪向着她飞去，白天结束时
一段往日回忆逐渐苏醒，请对她说：
“你是那样高尚、仁慈而又充满力量，
完全可以开创一个新的时代，又让人想到
过去人们幻想中的女王，
这只是一半的你：把漫长的青春
揉进面团，但谁也没有想到
所有的一切，不只一切，都变成泡影，
甜言蜜语全都失去了意义？”
算了吧，
指责爱情就像指责风一样毫无理由；
以后也不需要再提起，
这是在苛责那迷路的孩子。

不要付出真心

千万不要付出你的真心，因为
爱情根本经不起推敲，
沉浸在激情中的女人
只要在一次次亲吻中有朦胧的感觉，
就绝对不会预见爱情的离去，
因为所有可爱的事物都像梦一般易逝，
只为了短暂的欢愉。
啊，千万不要付出你的真心，

因为她们柔软的嘴唇会说，

她们的心已经献给了这场游戏。

如果像盲人、聋子、哑巴那样去爱，

这场游戏还怎么继续？

写这首诗的人最明白不过，

因为他曾付出自己的真心，结果付诸东流。

亚当的诅咒

那年夏天快要结束的时候，我们坐在一起，

你最好的朋友，那位美丽的淑女，

和我俩一起谈论写诗。

我说："可能用几个小时才能写出一行诗，

但缺少瞬间的灵感，

再怎么润色也不尽人意。

还不如跪下来

去擦擦地板，或者像穷人那样
在恶劣的天气也要去给人做活。
因为想要把语言变成优美的诗歌
比这些劳动要更加艰辛，但却还要
被人认为游手好闲，让那些
银行家、校长和牧师说三道四，
殉道者说的世俗就是这些。”
然后
那位美丽的淑女，多少人
会为了她魂不守舍，
用温柔又低沉的声音说：
“女人生来就懂得——
虽然学校并不教这些——
必须付出努力才能获得美丽。”

我说：“没错，自从亚当堕落之后，
所有美好的事物都必须付出辛苦才能得到。
过去一些恋人认为爱情中
有很多高贵的礼仪，
于是他们发出深沉的叹息
并且引经据典。
但现在看来那不过是闲人的游戏。”

谈到爱情，我们就不再说话；
我们看着日光逐渐暗淡，
碧蓝的天空上逐渐升起一弯残月，

好像一只贝壳

被星空中的时间潮水冲刷了千年。

我有一句悄悄话想说给你听：

你是那样美，我要努力

用那古老高贵的方法爱你；

过去我们是那么幸福，

但现在却已像那弯残月一般疲惫。

杂乱的树林

啊，快到林中的湖边去，

灵巧的雄鹿和他的恋人望着

自己的倒影，叹息着——

希望除了你我，没有人曾经相爱过！

你是否听到过那位皮肤白皙

银光闪闪的天上女神，

在太阳探出金色斗篷时吟唱的歌曲——
啊，希望除了你我，没有人曾经相爱过！

啊，快到杂乱的树林中去，我要赶走
树林中所有的恋人，然后喊道——
啊，我的世界，啊，金色的秀发！
除了你我，没有人曾经相爱过！

不能爱太久

亲爱的，爱不能拖得太久，
我就是爱了太长时间，
逐渐变得像一首
过时的古老歌曲。

虽然我们年轻时
彼此的想法互相交织
无法分辨，
亲密得仿佛一个人。

但她转眼就变了心，

啊，不要爱太长时间，

不然你也会变得像一首

过时的古老歌曲。

绿盔

（1910）

荷马笔下的女人

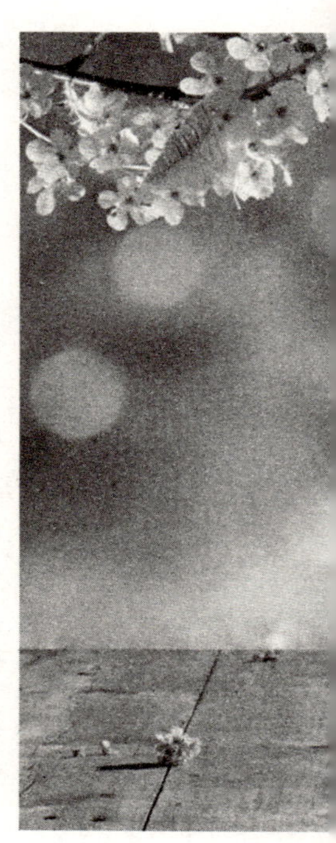

如果一位男人向她走去，
我年轻时就会想：
“他看上了她。”
于是生气地发抖。
但更让我难过的是，
他竟然若无其事地
从她身旁经过。

我为此写下了很多文字，
直到已满头白发，
我希望已经将思想
提炼升华，

后世的人读过会说：

“他用一面镜子

照出了她美妙的身影。”

我年轻时

曾为她热血沸腾，

她的脚步骄傲而轻盈，

仿佛踩在云朵之上，

一位被荷马歌颂过的女人，

让文学和人生都好像变成了

一场英雄的梦而已。

世间再无特洛伊

我没有理由责备她
使我苦不堪言，或者向
愚昧的人撒播暴力，
鼓动平民干一番大事，
只要他们有足够的勇气和野心。
高贵的心灵使她像火焰般单纯，
再加上美貌，她像一张拉紧的弓，
高贵、孤傲又坚毅，
这类人在当下是如此不合时宜。
她如何才能获得安宁？
啊，她生得这般模样，能做些什么呢？
难不成还有一个特洛伊等着她去毁灭？

和解

可能有人会埋怨你
把那些应该感动他们的诗夺走。
那天，我双目失明，双耳失聪，
你离去的消息仿佛晴天霹雳，
我失去了所有诗歌的灵感，除了
国王的盔甲和利剑，还有
关于你的模糊的记忆——但是，
现在我们要离去，因为世事依旧，
当我们笑或者哭时，
盔甲、王冠和利剑都会被掩埋。
亲爱的，请靠紧我；你离开我之后，
我便灵感枯竭，寒入骨髓。

和平

啊，如果时间能塑造出一个形象，
展示荷马时代美人的模样，
用来慰劳英雄。
“如果不是因为她的生命被风暴占据，
画家为什么画不出一个形象，
拥有这样优雅的线条，”我问，
“这样高贵的头，
温柔中带有坚毅，
健美中带有甜美？”
啊，当时间塑造出她的形象时，
和平就会到来。

祝酒歌

口中品味美酒，
眼中分辨爱情。
这句话众所周知，
莫使酒杯空等待。
举起酒杯将你凝望，
遮起嘴唇深深叹息。

文字

我曾这样想过：
“我的心上人不理解
我的所作所为，
在这荒凉严酷的大地上。”

之后我对阳光感到厌倦
直到我清醒过来，
想到我做得最好的事
就是向你袒露心意。

过去，我每年都大喊着：“最终，
我的心上人一定能理解，
因为我已使出浑身解数，
让文字供我差遣。”

她要是真的会这样，
筛子还有什么用处？
或者，我早就应该放弃文字，
然后自得其乐地生活。

无意义的赞美

心儿，请安静下来，

因为流氓和白痴都不能阻止

只为博得一位女子欢心

而不需要他人认同的事。

有这样的努力就已经足够，

她会使你恢复精力，

就像一个梦，一头狮子在

发出怒吼前做过的梦，

就像一个秘密，一个存在于
两个骄傲的人之间的秘密。

什么，你还想得到他们的赞美？！
但这些文字更加高贵，
她在自己人生的迷宫中
经常因为陌生而感到困惑：
不明白她为梦想的付出，为何
招来流氓和傻瓜的恶意诽谤；
没错，还有更加恶劣的攻击。
但她边走边唱，
既像狮子又像儿童，那样平静。

时间带来了智慧

纵使有千万条枝叶，但根系是唯一的。

度过了说谎的少年时代，

我将枝叶和花朵抖落在阳光下。

如今我可以枯萎，走向真实。

面具

“把面具摘下来吧，哪怕它闪着金光
还镶嵌着祖母绿宝石。”
“亲爱的，不要，你太莽撞，
只想看看心灵能不能同时拥有
狂野、智慧和热情。”

“我只是想看看面具下
是爱情还是谎言。”
“占据你头脑，让你心跳加速的
正是面具本身，
而非它后面的事物。”

“但我必须查看仔细，

看看你是不是我的敌人。”

“不，亲爱的，就算真是如此

又如何？只要你我的心中

燃着一团火焰。”

在阿贝剧院（仿龙沙[1]）

敬爱的克瑞伊文 · 伊文[2]，请调查
我们的案件。
当我们高歌时，成百上千的人都说
如果我们不停下来，他们就离开这里；
成百上千的人再次嘲笑我们，
理由是我们的艺术品是从生活中来的，
太尖刻了，你会希望他们想要
用漫长的一生看清翅翼的飞翔。
你曾那么宠爱他们，教育他们，
对他们知之入骨，请跟我们说说——
我们会保守秘密的——怎样才能让他们喜欢我们。

---

[1] 龙沙，指法国诗人皮埃尔 · 龙沙。

[2] 克瑞伊文 · 伊文，爱尔兰首任总统德格拉斯 · 海德的笔名。

有笼头约束这位普洛透斯吗，
他总是变幻不定的，就像多风的海洋一样？
或者，大众最不能接受的，难道不是
当我们被他们讥笑，我们就会奋起抗争吗？

责任

（1914）

写给友人，他的作品都失败了

现在真理已经丧失，
承认失败吧，
任由那卑鄙的嘴胡乱说吧；
你是自带光芒的人，何必和那些人相比？
假话连篇也不觉得羞耻
哪怕旁人都为他感到羞愧。
你连比战争更大的困难都克服了，
你回头，在一堆乱石中
像那大笑的琴弦一样，
弹奏得很响亮。
安安静静地，斗志昂扬，
因为那个就是所有事情中
最难的一件。

两年之后

没人说过，勇敢的
温柔的眼睛代表更多的学识吗?
没人警告你，飞蛾向火焰扑去时
有多么绝望吗?
我本来可以警告你，但你是那么年轻，
我们的语言不相通。

啊，你会得到无数礼物
以为整个世界都善待你，
会经历你母亲的所有经历，
最后走向幻灭。
我年事已高，可你太年轻，
我的语言你无法理解。

回忆青春

往日时光像戏剧一样流逝。
我曾经拥有从爱情中获得的智慧；
我曾经拥有从聪敏中获得的天赋。
但无论我怎样能言善辩，
就算我获得过她的赞赏，
乌云仍然被凛冽的北风吹来，
把爱情的明月死死遮住。

我说的每句话都是实话，
我曾赞美她的外表和内心，
直到她的眼睛露出光彩，
欢乐让她脸颊绯红，
虚荣让她脚步轻飘，

但无论怎么赞美，我们抬起头
都只能看到一片漆黑。

我们沉默地坐着，像石头一样
不言不语，但我们心里明白，
再美的爱情都会消逝，
而且早已被摧毁，
除非爱情会因为听到
可爱而有趣的鸟鸣，
而把月亮从乌云中召唤出来。

东方三贤

一张苍白的脸在呆滞的画像中出现，
在蔚蓝的天空深处隐约可见，
就像平常一样。
历经沧桑的面孔像遭到雨水的洗涤一样，
银色的头盔不停地晃悠，
因为对骷髅地[1]的动静
颇有怨言，
他们专心致志地看着，
期待重新找出那肮脏的地方的秘密。

---

［1］ 骷髅地：耶稣就是在那里被钉在十字架上的。

衰落的王朝

从前，她只要露一露面就能吸引万千民众，
就连老者都移不开眼睛，而现在只有这只手
像吉卜赛最后的大臣怀念着衰落的王朝一般，
将往日的荣耀记载。

那美丽的面庞，那充满欢笑的甜美心灵，
都没有消逝，但我要记下的是往日。
人群仍然熙攘，但他们并不知道
他们脚下的这条街上，她曾像燃烧的云一般走过。

三位女子[1]

我要歌颂这三个人——
这三位女子带来的欢乐
让我的生活变得充实：
一位是因为不存在任何私欲，
也没有无法摆脱的忧愁，
在这苦难的十五年中，
没有任何东西能够阻挡
两颗心的靠近；
另一位是因为她的双手
可以解开
那些无人理解，
却仍在成长的，
年轻人的梦想之累，

[1] 指叶芝的前女友奥莉维亚、挚友格雷戈里夫人和精神伴侣茉德。

直到她将我改变，

让我的生活充满辛劳和欢喜。

还有一位如何？我的一切

都被她夺走，直到我老去。

她仍然不肯施舍我一丝怜悯。

我要如何赞美她？

每当天渐渐亮起，

我思考着自己的得失，

为了她保持清醒，

回忆着关于她的一切，

她那鹰一般的眼眸好像就在眼前，

好像有一股甘泉

从我心底喷涌而出，

让我忍不住浑身战栗。

外套

我为我的诗歌编织了一件外套，

古老的神话

是衣服上精美的刺绣，

缀满整件衣服；

但有傻瓜偷走了它，

还穿着四处招摇。

就让他们穿着吧，

因为需要有更大的志向

才敢赤裸相见。

柯尔的野天鹅

（1919）

柯尔的野天鹅

树木换上了秋天的衣裳，
林子里的小路干净清爽；
十月的夜色下镜面般的湖水中
有着天空的倒影；
水中的礁石上，
有五十九只天鹅。

从我第一次清点它们时算起
已经过了十九个秋天，
但还是没算清楚，它们
突然全部飞起，
扑棱着翅膀，
组成一圈圈巨大的圆。[1]

---

[1] 爱尔兰传说中，爱神安格斯历尽艰险终于找到了爱人凯耶儿，她和很多女子一起被囚禁，每年立冬那天都会变成天鹅。安格斯认出了她，两人双双变成天鹅飞入天空。

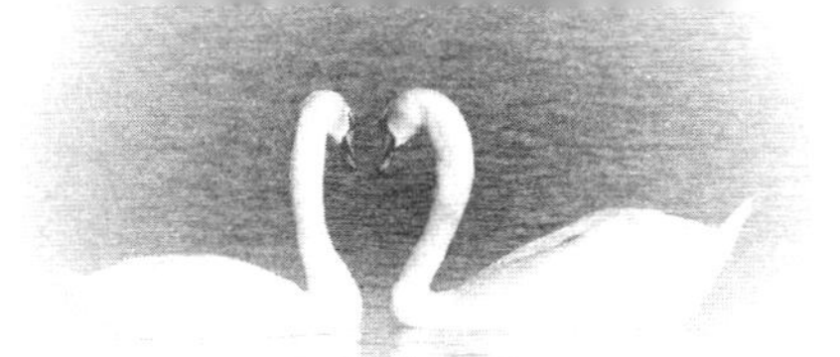

我曾经看到过那些美妙的生灵，

现在却心如刀绞。

从我第一次来到这夜色中的湖边，

一切都改变了，

它们的翅膀在空中嗡嗡作响，

我不忍心发出脚步声。

它们仿佛从不会感到疲劳，

一对对爱侣依偎着，

在溪水中嬉戏，在空中飞舞。

它们的心还没有老去，

不管它们飞到哪里，

都有激情和雄心相伴。

虽然它们现在静静地浮在水面，

是那样神秘而美好；

它们会在哪里的草丛中筑巢，

会在哪里的水边嬉戏？

我某天醒来时，

却发现它们已经飞去。

追念罗伯特·格雷戈里少校[1]

1

我们已经把新房收拾妥当，
我想呼唤一些老朋友，虽然他们
不能和我们在这古塔中的火炉边
喝酒聊天到深夜，
然后爬上旋转楼梯去睡觉。
他们是探寻真理的人
或者只是我儿时的伙伴，
今晚我脑海中出现的都已经死去。

---

[1] 罗伯特·格雷戈里（1881—1918），叶芝挚友格雷戈里夫人的独生子，英军飞行员，1918年在意大利坠亡。

2

我们经常介绍新老朋友互相认识，
如果其中一位不够热情，我们就会伤心，
好像伤口被撒了盐一般，
我们心里的痛变得更深，
争吵则像在头顶炸开一样。
但我今夜要介绍的朋友
没有一位会引发争吵，
因为我心中出现的朋友们都已经死去。

3

我最先想到的是莱昂内尔·约翰逊[1]，
比起世人来他更爱学术，
但他对待无赖也彬彬有礼。他全身心地投入，
思考神圣的问题，
直到他所有的希腊拉丁学识
像冲锋的号角一般带着
他的思想逐渐靠近
他所期望的圆满境界。

[1] 莱昂内尔·约翰逊（1867—1902），英国颓废派诗人，酒后跌倒致死。

4

紧接着想到的是爱追根究底的约翰·辛格，
他拼命寻找活人的世界来研究
死后也不愿休息，
但他经过漫长的旅途，
终于在夜晚到来之前找到了确定的场景，
它远在布满石头的荒凉之所，
在夜晚到来之前他找到了一群人，
他们和他一样有着热烈、单纯的心。

5

之后我又想到了老乔治·波莱克森[1]，
他年轻时马术精湛，在梅约的围猎和比赛中
都有着很高的声望，
这项运动可以展示骏马的矫健和骑手的技艺，
虽然充满激情，
也只是像群星的交相辉映一般散乱无章；
后来他却露出疲态，充满幻想。

---

[1] 乔治·波莱克森（1839—1910），叶芝的舅舅，精通占星术。

6

他们是我多年的好友，

是我灵魂的组成部分，

现在他们失去生命的面孔仍在眼前，

好像他们藏在一本旧图画书中；

我习惯了他们已没有呼吸，

但是无法接受我挚友的爱子，

现代的锡德尼[1]，完美的典范，

竟然也遭遇了死亡的袭击。

---

[1] 锡德尼（1554—1586），英国著名诗人，为国战死，被誉为绅士典范。

7

眼前所有的美景都是他的挚爱，
被暴风损毁的古老树木把自己的影子
投射在道路和桥梁两旁；
溪岸上一座古塔静静伫立；
每天晚上牛群都来到岸边饮水，
水鸟受到惊扰不得不换一个地方。
他本来应该最衷心地迎接你。

8

他经常骑着马，带着戈尔韦猎犬，
从泰勒城堡到洛克斯城堡
或者埃塞凯利平原，很少有人能跟得上他；
他曾经在穆宁跃过一处危险的地方，
和他同去围猎的人吓得紧闭双眼；
忘了在哪里他曾经不用缰绳
就完成了一场赛马比赛。
他的头脑比马蹄还要快。

9

我们希望出现一位伟大的画家

来描绘冰冷的克莱尔和戈尔韦的岩石与荆棘，

描绘出那冷峻的色彩和温柔的线条，[1]

我们通过这样的修行

让心灵更加坚韧有力。

士兵、学者、骑手，都是他，

除此之外，他还充满热情地

把诗歌发布，让全世界分享喜悦。

---

[1] 罗伯特·格雷戈里曾经想当一名画家，叶芝赞美他的作品刚柔并济。

10

再也没有人能这样给我们讲解
一所房子的精巧和美妙，
能像他那样熟悉一切工艺，
不管是金属、木材、石膏还是石雕。
士兵、学者、骑手，都是他，
他做任何事都完美无瑕，
好像他只是某一行的专家。

11

有人在烧潮湿的木柴，其他人可能
在小房间里燃烧一切，如同干草，
我们若是转过身，
烟囱就会随之熄灭，
因为火焰已经将任务完成。
士兵、学者、骑手，都是他，
好像人生的缩影。
但我为什么竟然梦到他满头白发？

12

窗扇被狂风猛烈地摇晃着，
我心中想起那些成年时遭遇挫折，
或小时候被宠爱，或青年时得到赞誉的人，
给每个人恰如其分的评价，
直到想到更合适的赞颂；但是
一想到最近逝去的人，所有想说的话便卡在了喉咙。

年龄带来智慧

我在梦想中逐渐衰弱，

像残破的人鱼雕塑

深深埋在水底。

整整一天

我都注视着她的美貌，

好像在书中发现了

一张美人的照片，

眼睛变得充实，

耳朵变得灵敏，

为获得了一点聪明而欣喜，
因为年龄带来了智慧。
可是，这究竟是真的还是我的梦？

啊，如果我们曾经相遇，
我那时多么青春洋溢！
但如今我在梦想中沉沦，
像残破的人鱼雕塑
深深埋在水底。

所罗门与示巴[1]唱和

所罗门亲吻示巴黝黑的面庞
对着她唱道：
“我们一起聊天
从早上谈到中午，
从旭日初升到正午时分，
我们一直把谈话局限在
爱情这个话题上，
像老马在厩栏中绕来绕去。”

示巴坐在所罗门怀中
对着他唱道：
“如果你对一个问题的研究
能让学者由衷敬佩，

---

[1] 中东传说里，以色列的所罗门王和非洲的示巴女王相互欣赏对方的智慧，后来结婚。叶芝将自己和妻子乔吉比作所罗门王和示巴女王。

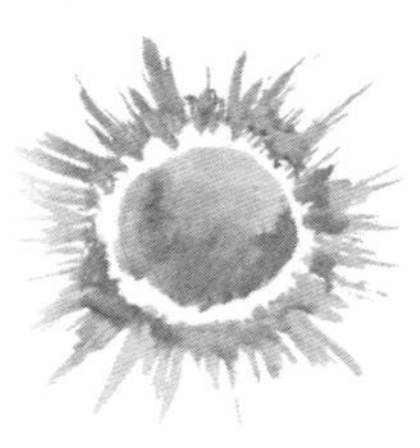

你就会在太阳投下我们的影子之前，
发现小如厩栏的并不是话题，
而是我的思想。”

所罗门亲吻她阿拉伯的眼睛
对着她说道：
“普天之下的男女老少，
没有一个人比我们更有学问，
谈了一整天，我们发现
只有爱能把整个世界
变成狭窄的厩栏。”

充满生命力的美

因为灯油已经耗尽，
动脉也已经凝固，
我让不满的心满足于
青铜或石雕造就的凝固之美。
虽然它出现了，但我们离开后它便消失，
丝毫不关心我们的孤独，
仿佛梦幻泡影。我们的心已经老去，
充满生命力的美是年轻人的：
它所需要的眼泪的代价我们承担不起。

清晨

我希望像清晨一样天真，
它曾经从高空看到
一位古老的女神
用胸针规划城市，[1]
也看到那些衰老的男子
在充满学术气氛的巴比伦
遥望群星那随意的轨迹
消失在月升之处，
随后在写字板上计算。
我希望像清晨一样天真，
它是那样短暂，在阴云密布的天空
摇动着马车[2]的肩轭；
我希望——既然学识没有任何价值——
像清晨一样天真无知。

---

[1] 爱尔兰传说中，女战神玛查用胸针在北方画出一座城市，后来建成了阿玛城。

[2] 指太阳神的战车。

年轻的美人

亲爱的艺术家啊，你怎么能够
随意和各种各样的人，
和各种各样的男女结交？
你应该与杰出的人为友，
那些和其他人一起提水的人
很快就会从山上滚落。

绘画流派的学习典范啊，你可以
充满激情，但不要
像普通美人那样大方随意，

她们生下来的模样就不是
以西结老人的智天使[1]，
而是博瓦莱[2]手中的样子。

我知道美人需要付出多少薪水，
她佣人的生活是多么艰苦，
但依然赞美寒冬已经过去：
谁也不会傻到把我当作朋友，
但在生命结束之时，我可以
与兰道和邓恩[3]一起享用晚餐。

---

[1] 《旧约·以西结书》中的智天使，为四面四翼的形象。

[2] 法国雕刻家雅克·博瓦莱（1731—1797）作品中的智天使为双翼的可爱形象，被放在篮子里。

[3] 指瓦尔特·兰道（1775—1864）和约翰·邓恩（1572—1631），两人都是英国著名诗人。

一支歌

我以为很容易
就能青春永驻，
比如练习哑铃和剑术
能够让身体保持年轻。
但谁曾想
心灵也会衰老？

虽然我有无数的诗句，
什么样的女子才能让我满意，
在她身边时
我会重新充满力量？
但谁曾想
心灵也会衰老？

情欲并没有离我而去，

只是心已经改变，

我本以为走向生命的终结时

它会让我的身体燃烧，

但谁曾想

心灵也会衰老？

破碎的梦

你的头发已经泛白。
你走过时，
年轻人不会再屏息注视；
但可能会有老人为你祝福，
因为你的祈祷
让他从病榻上康复。
因为你——懂得了一切痛苦，
给予他人所有的痛苦。
你还是个少女时就背负着
美丽的沉重——因为你
上天才停止了宣判，
多么神奇的力量，你只要走一走
房间中便充满了安宁。

你的美如今只剩下朦胧的回忆，
只有回忆。
年轻人等老人们说完之后
说道：“请给我讲讲那位女士，
她竟然能让诗人强打起精神吟唱歌曲，
虽然他的激情可能已被时间消磨。”

朦胧的回忆，只有回忆，
但坟墓中的所有东西都会更新。
我将真切地看到她
坐着、站着或者在走路，
充满成熟的魅力，
以及年轻的激情，
让我像傻瓜一样着迷。

任何人都没有你美丽，

但你的身体也并非完美无缺：

比如你的双手，

我担心你会把双手

浸在神秘的湖水中

像那些遵循于神圣律法的生灵

浸入之后变得完美。请不要

改变这双被我吻过的手，

看在老朋友的面子上。

午夜最后一声钟声敲响。

我坐了一整天

从一个梦境到另一个梦境，

从一个韵脚到另一个韵脚，

和虚幻的影子交谈：

朦胧的回忆，只有回忆。

致少女[1]

啊，我的宝贝，
我比其他人更清楚
你的心为什么疯狂地跳动。
你的母亲都不如我
这般清楚，
她让我心痛不已，
当时的激情
现在已被她否认
被她遗忘，
却曾让她热血沸腾，
眼中闪烁着亮光。

[1] 这首诗创作于1915年，是献给伊索特的。

学者

秃脑袋彻底忘记了自己的罪恶，

学富五车的老脑瓜不仅光秃秃的，还光溜溜的，

不停地编辑、批注那些诗集，

年轻人夜不能寐，对爱情失去了信心，

写下动人的诗句，

去讨好美人。

所有人都步履蹒跚地前行，朝墨水咳嗽，
都用鞋子不停地践踏着地毯，
都让别人过去的想法在自己的脑海中盘旋，
认识邻居认识的所有人。
上帝啊，他们还有什么可以说的，
难道伽图[1]的行走步伐也是这样的吗？

[1] 伽图：古罗马的爱国志士。

女鬼

今晚十分诡异，让我
冷汗涔涔，汗毛倒竖。
夕阳西下时我隐约梦见
几个女子，她们笑着，
有的害羞，有的活泼，
蕾丝和绸缎的衣料窸窸窣窣，
咯咯吱吱地走上楼梯。
她们肯定读到了我诗中那奇怪的事物：
得到回应，却没有得到回报的爱情。
她们在门口，
在书桌和壁炉之间，
离我那么近，近得能听到她们的心跳声。
其中一个是妓女，一个是少女，
她还没有对男人产生过情欲，
另外一个，可能，是一位女王。

傻瓜之歌

1

我家炉子旁边
有一只花猫和一只兔子[1]在吃东西，
然后就睡在那里；
它们靠我
得到知识和保护，
就像我要靠上天一样。

我经常从梦中惊醒，
害怕有一天我忘了
给它们准备食物和水，
或者忘了关门，

[1] 花猫指乔吉，兔子指伊索特·冈尼。

兔子就会跑走，
直到听到号角声，看见猎狗的利齿。

我的负担很适合考验
那些遵守规矩的人，
可我是一个只会瞎想的傻瓜，
除了祈求上帝
将我的负担减轻，
还能做些什么？

2

我在炉火旁的三角凳上睡着了，

花猫趴在我腿上；

我们从来不去想

兔子在哪儿，

有没有关门。

没人知道她在决定抬起脚跳出去之前，

是如何在垫子上伸着腿，吹着冷风。

我要是在梦中叫出她的名字，

她听到后，可能，不会理睬，

那就说明，可能，她已经

听到了号角声，看见了猎狗的利齿。

麦克·罗巴蒂斯与跳舞的人（1921）

所罗门与示巴

那位阿拉伯女士这样说：
“昨夜，狂乱的月光之下
我躺在青翠的草地上，
伟大的所罗门王躺在我怀中，
突然我开始用一种奇怪的语言叫喊，
那语言既不属于我，也不属于他。”

那位掌握
所有语言、感叹、歌曲、叫喊、呼唤以及
猫、狗、驴、鹿、鸡的叫声的智者
接着说道：“一棵鲜花盛开的苹果树上
曾经有一只雄鸡啼叫，
但从人类堕落前的三百年开始，
直到现在他却没有再叫过一次，
除非他认为选择和机遇终于结合，
那颗毒苹果引发的所有事物

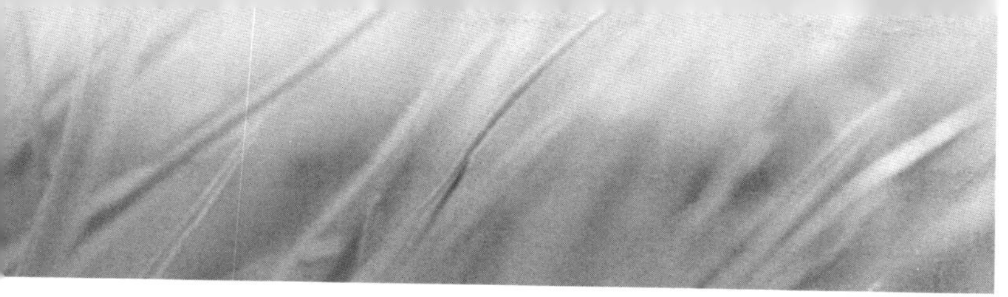

和这肮脏的世界都会毁灭。
他的啼叫声曾经呼唤出永恒，
但又想把它送回。
因为爱情像一只蜘蛛
可以让每一根神经——
没错，虽然眼中充满了激情——
都感到属于它的痛苦，并用选择和机遇
考验着恋人；
然后当这惨案结束之后
新婚的床榻还会产生痛苦，
因为每个想象中的形象背后
都藏有一个真实的形象。
但在世界的尽头，这两样
完全不同的事物终于融为一体，
就像灯油和灯芯一同燃烧。
所以，昨夜那享有福报的月亮

将示巴赐给了她的所罗门。”

“但世界仍一如既往。”

“要是如此，

你那只雄鸡就会发现我们错了，

虽然他认为值得为此鸣叫。

这个形象可能太强或者不够强大。”

“暮色已至，神圣的森林中

寂静无声，只有

花瓣飘落的声响；

树林中也没有人迹，

只有我们身下被压皱的草地；

月光却越来越狂乱。

所罗门啊，让我们再来一次！”

土星气质[1]

我一整天都闷闷不乐
并不是因为失恋而神伤，好像我只会受到
这一件事的影响，
我不会忘记你给我的智慧与慰藉。
我的思绪已走进梦幻中，
我的骏马已奔入童年的草原：
那里有老波莱克森，有米德尔顿，
你可能没听过他，还有一个红发的叶芝[2]，
虽然他在我出生前早已去世，
但他的形象仍然鲜活。
你会听到一位我家族中的工人

[1] 这首诗是写给妻子乔吉的。西方占星术认为土星会使人忧郁。

[2] 指诗人的祖父威廉·叶芝。

在斯莱戈码头旁的路上说——哦，不，不是说，

而是喊道——“你回来了，二十年了，确实应该回来了。”

我想到一个孩子曾经许下未实现的诺言，

永远不离开祖祖辈辈生活的山谷。

巴利里塔上的铭文

我，诗人威廉·叶芝
用磨坊拆下的木材、绿色的岩石
和戈特镇出产的铁器，
为我的妻子乔吉修建此塔；
就算一切事物烟消云散，
愿铭文永存。

1916 年的复活节

我每天结束工作后，
都会看到他们表情愉快地
离开办公桌和柜台，
从 18 世纪的老旧房子中走出。
我走过他们身旁时和他们打招呼
寒暄几句，
或者停下来再说些闲话，
但往往还没说完
就想到一句玩笑话
可以和酒吧壁炉边的朋友
开开玩笑。
他们都和我一样
是舞台上穿着道具服的小丑。

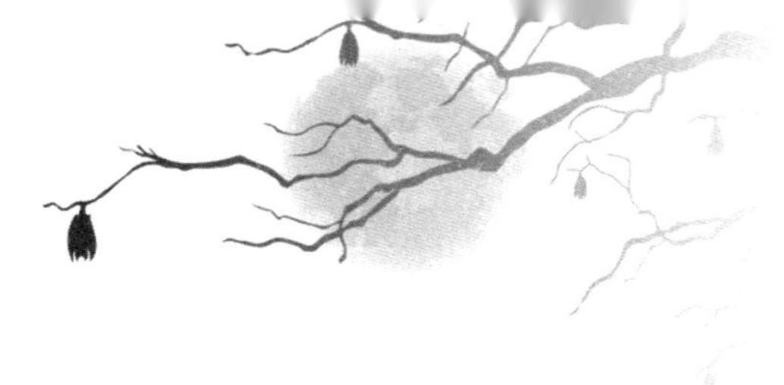

所有一切都已改变，
出现了一种令人恐惧的美。

那位女人[1]在白天行善
在晚上辩论，
直到她的声音越来越亮。
没有人的嗓音比她更甜美，
她年轻时，美丽动人，
骑着骏马飞驰在赛场。
这位男子[2]曾办过学校
也骑过飞马[3]；
还有一位和他并肩战斗的

[1] 指叶芝的好友、女革命家康斯坦丝·马尔凯维奇（1868—1927）。

[2] 指帕特里克·皮尔斯（1879—1916），教育家、诗人，起义领袖之一。

[3] 指希腊神话中缪斯女神的坐骑。

同仁和伙伴[1]。
他可能也会获得声誉，
因为他思维敏捷，
勇敢而富有魅力。
下面这位在我看来
是一个虚荣、愚蠢的酒鬼[2]。
他曾对我心中最爱的人
犯下了难以饶恕的罪，
但我的诗中还是写到他，
他也一样在这场闹剧中
抛弃了自己的角色。
他的表演也一样彻底变了样：
出现了一种令人恐惧的美。

---

[1] 指托马斯·麦克唐纳（1878—1916），与皮尔斯一同起义的领袖之一。

[2] 指茉德的丈夫约翰·麦克布莱德（1865—1916）。

所有的心都有着共同的目的，

但在残酷的经历中

变得像石头一样坚硬，

挡住了潺潺流淌的溪流。

来自远方的骏马，骑手，

在云端盘旋的鸟群，

都不停地转变形象；

云朵在溪水中的倒影

也不停地转变形象；

马蹄在水边滑到，

骏马在水中挣扎；

长脚的水鸟在水中，

雌鸟冲着雄鸟鸣叫。

它们分分秒秒地生活着；
而石头伫立在其中。

如果牺牲太多，
心就会像石头一样坚硬。
啊，什么时候才能停止？
上天赋予我们的责任，
是轻声呼唤那些名字，
就像母亲呼唤自己的孩子，
当那些四处奔走的身体
终于沉睡之时。
夜晚之外还有什么？
哦，不，那不是夜晚，而是死亡。
死亡难道不可避免？
因为英国可能会遵守

它曾许下的诺言。
我们只需懂得他们拥有理想，
只需懂得他们曾为自己的理想献出了生命；
就算是盲目的爱
使他们走向死亡又如何？
我要把这些都写进诗篇——
麦克唐纳、麦克布莱德、
康诺利以及皮尔斯诸位，
现在和未来，
所有点缀绿色[1]的地方，
都彻底变了样：
出现了一种令人恐惧的美。

[1] 绿色代表着爱尔兰。

玫瑰树

皮尔斯对康诺利[1]说：
“噢，光说不练当然简单，
也许玫瑰树
会因为一句玩笑话就凋零，
也许一阵海上来的风
就可以吹倒它。”

康诺利回答：
“要给它浇水，
让绿叶再次发出新芽，
延伸至四周，
五彩缤纷，
让花园都频频点头。”

---

[1] 皮尔斯和康诺利：二人都参加了1916年的复活节起义。

皮尔斯对康诺利说：

“我们最好去哪里取水呢？

没有一处水井有水了，

噢，事情是水落石出了：

必须用我们的鲜血，

才能让一棵真正的玫瑰树重生。”

为女儿祈祷

狂风继续肆虐，
摇篮中我的孩子
在襁褓中睡去。除了格雷戈里树林
和一座荒凉的山峰，再无其他阻挡，
于是那大西洋来的狂风，
在这里肆虐，吹翻屋顶和瓦片。
我忧心忡忡地祈祷了整整一个钟头，
为了驱散心头那团阴影。

我为了这个孩子忧心忡忡地祈祷一个钟头，
听到海风吹打着塔楼，

吹打着拱桥，吹打着
榆树林和奔腾的溪水；
我在激奋的梦里看到
未来的时光在喧腾的鼓点中
翩翩起舞，
从残酷又纯洁的大海中出现。

希望她生得美丽，但不要
美到让人神魂颠倒，
也不要沉湎于自己的倩影，因为
如果过分美丽，
就会以为美貌就是一切，
于是忽略了善良、真诚
以及亲切的品质，
可能会失去真挚的友谊。

海伦的一生本可以平安度过
但却被一个傻瓜扰乱；
而那位浪花中诞生的女神，
由于没有父亲的指引，
自己嫁给了一个瘸腿的铁匠。[1]
那些贵妇吃下了
疯狂混合成的沙拉，
所以丰饶角也遭到损坏。

我希望她能看清那些殷勤美意；
美貌并不会带来真心，往往
那些并非绝美的人才会得到。
很多人愚蠢地追逐美貌，
直到美丽变成了智慧；

[1] 希腊神话中代表美与爱的女神阿芙洛狄忒，在浪花中诞生，所以没有父亲，后来她与瘸腿的火神、锻造之神赫斐斯塔斯结合。

还有很多人曾经无望地爱着，
误以为自己曾经被爱，
却最终选择了温柔贤惠。

希望她长成一棵神秘而繁茂的树，
希望她像红雀一样轻松无忧，
只需要把它们的歌声传向远方，
不需要追逐、争吵，
生活中只有嬉戏。
啊，希望她像常青的月桂一样生活，
在一片永恒的土地上扎根。

我的心儿，曾因为我爱过的心
以及赞颂过的美，
得到短暂的滋养，后来又变得干涸，
但我明白如果心中充满仇恨
就会招致无穷的厄运。
心中如果没有仇恨，
那么不管遭受怎样的狂风巨浪
红雀都不会被吹下树枝。

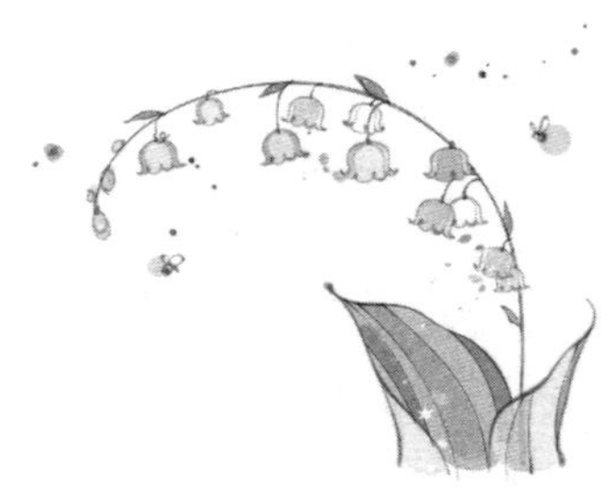

最坏的是那种理性的仇恨，
她会认为支持某种观点便罪无可赦。
我曾见过一位出生在丰饶角的
最可爱的女子，
为了自己心中的观点
就用丰饶角以及其他
让人心安的好处
拿去换来一个愤怒的破风箱。[1]

[1] 茉德·冈尼中年之后心中充满了政治仇恨。

想到这里，仇恨消散了，
心灵又变回纯真无瑕，
明白这些只不过是
自己对自己的安慰和恐吓，
明白自己的美好愿望只是一厢情愿。
但是，不论有多少张愤怒的脸，
有多少怒吼的狂风，
有多少聒噪的风箱，她都会得到幸福。

希望她的新郎让她住在

合乎风俗礼仪的房子中；

因为高傲和仇恨

只不过是路边贩卖的杂货。

那无瑕之美

如何会诞生在风俗礼仪之中？

礼仪就是丰饶角，

而风俗是繁盛的月桂。

塔楼

（1928）

丽达和天鹅[1]

巨大的翅膀在少女身上疯狂地拍打，
他黑色的脚掌抚摸着她的大腿，
他用嘴叼起她的后颈，
用胸膛紧贴着她无助的胸脯。

她惊慌失措，要怎么抗拒
大腿上羽毛留下的炽热痕迹？
当身体被放在洁白的香蒲上，
怎会感觉不到那陌生的心跳声？

腰间的那次震动竟然使
城墙坍塌，城市被焚，
甚至使阿伽门农丧命。

---

[1] 希腊神话中，宙斯变成天鹅与斯巴达王后丽达生下了两位美人海伦和克吕泰涅斯特拉（后与希腊联军统帅阿伽门农结合），给人间带去灾祸。

竟然就这样被掳走，

就这样屈服于野蛮的行径，

但她在被无情的鸟喙放开之前，

是否从他那里吸收到了力量和智慧？

在学校[1]

1

我从一间间教室旁走过，问这问那；
一位和蔼的修女一一作答；
孩子们有的学习数学，有的学习历史，
有的在唱歌，有的在看书，
还有的在做手工，井井有条，
用时髦的方式说——孩子们眼中
充满好奇，注视着
一位面带笑容，年过花甲的知名人士。

[1] 1926年3月，叶芝以主管文教的参议员身份，视察都柏林附近的一所改良教会学校。

2

我想象有一个丽达般的形象，
靠在微弱的炉火旁，
她讲述着严厉的训诫，或者一件小事
是如何造成灾难——
之后，由于共通的青春体验，
我们两人的个性便合而为一，
用柏拉图的话来说，
就是变成了一个壳里的鸡蛋。[1]

---

[1] 柏拉图在《会饮篇》中写到，人最初是雌雄同体的，拥有强大的力量，后来被宙斯像切鸡蛋一样劈成了两半。

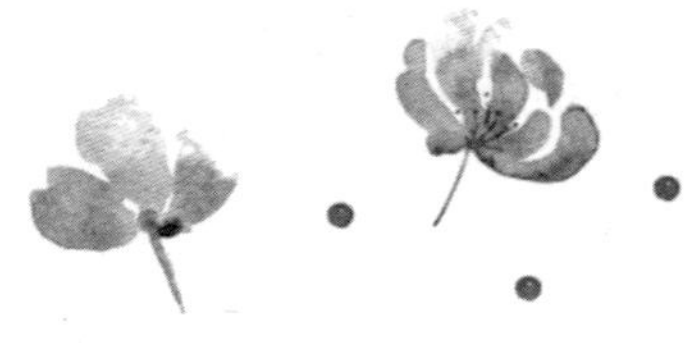

3

我边回想曾经的悲痛、愤怒
边观察着这些孩子，
心中思索她儿时是不是也是这样——
就算是天鹅之女也要习得
所有水禽传承的技能——
她的脸蛋和头发是否也曾经这样闪亮，
我的心狂跳起来：
她突然变成了一个活泼的女孩呈现在我眼前。

4

我的脑海中浮现出她的形象——

那形象好像出自 15 世纪的大师之手，

两颊凹陷，饱经风霜，

好像以影子为食。[1]

虽然我并不是丽达那样的人，

但也曾经拥有丰满美丽的羽翼——这已足够，

用微笑去回应微笑，好像

这个破烂的稻草人已经满足。

[1] 茉德·冈尼老年时十分消瘦。

5

年轻母亲怀里的那个影子
已经被生殖之蜜[1]所决定，
它曾经沉睡或者尖叫着想要逃脱，
这由记忆或遗忘所决定；
当她发现那个影子已经度过了六十多个寒冬，
她会用怎样的态度对待她的儿子？
用来补偿他出生时的痛苦，
或者他那不确定的未来？

[1] 出自波弗里俄斯（232—305）写的《仙女洞》，是摧毁生前记忆的药物。

6

在柏拉图看来，大自然不过是
在神秘的万物法则之上的游戏而已；
强壮的亚里士多德挥起教鞭
抽打一位王中之王；[1]
著名的金腿毕达哥拉斯[2]
为冷漠的缪斯弹奏一首星光曲：
衣服里揣着木棍，吓走小麻雀。

[1] 亚里士多德曾给亚历山大大帝当过老师。

[2] 传说毕达哥拉斯有一条金子做的腿。

7

修女和母亲都崇拜偶像，[1]
但烛光映出的面容
却不能激发她们的母爱，
只能成就大理石或青铜雕像的固定不变。
但它们同样会让人心痛——那些
充满激情、虔诚和慈爱的，
象征着天国荣光的神灵——
啊，那些嘲笑人类的自生自长的神灵。[2]

---

[1] 修女崇拜耶稣和圣母，母亲崇拜自己的孩子。

[2] 没有父母、自己生长的神灵拥有完整的自我形象。

8

如果身体不会因为取悦灵魂而受损，
那么劳动就变成了开放的鲜花或欢乐的舞蹈。
绝望中无法诞生美，
夜晚的油灯中也无法诞生智慧。
根系强健、枝叶繁茂的栗子树，
你到底是鲜花、树叶还是枝条？
啊，身体随着音乐摇摆，眉目间顾盼生辉，
舞蹈和舞蹈的人该如何才能分清？

欧文·阿赫恩与舞伴

1

当爱情出乎意料地
来到诺曼[1]高地上的树荫时，
我的心虽然只需负担自己，却变得如此疲惫。
它因不堪重负而疯狂。

南风让它渴望，东风让它绝望，
西风让它怜悯，北风让它害怕。
它怕那些狂风伤害到它的爱。
它怕她会带来痛苦，因此而发狂。

---

[1] 指法国诺曼底，叶芝曾在那里的茉德住所向伊索特求婚。

我可以和任何人交谈，

我身体健康，和其他诗人没什么两样，

但我的心再也无法承受高地上呼啸的风暴，

我的心发了疯，因此我从我的爱身边逃离。

2

我的心在胸腔中笑道：“你说因为我疯了，

所以你从那个姑娘身边跑开；

但她怎么可能和你这样年过五十的粗野之人相配？

金丝雀配金丝雀，野鸟配野鸟。”

“你这个谎话连篇的凶手。”我回应道。
“你说谎是为了出卖可怜的受害者；
我身边的女子没有一个是金丝雀。
啊，她要是知道我已经逃走，肯定会心碎。”

“说实在的，”我的心说，“这些都无所谓，
既然你无法得到她的心，除非她把感激
错当作爱情，才有可能和你这年过五十的人结合。
啊，就让她选择那除了狂野一无所有的年轻人吧。”

男人的青年与老年（节选）

初恋

她好像空中的月亮
从残忍中孕育出美，
她有时向前走，有时
涨红脸在我旁边停下，
让我以为她的躯体中
有一颗火热的心。

但当我把手放在她身上
却发现她的心像石头一样冰冷，
我尝试过无数次
都没有成功

毕竟想用手抚摸月亮
未免不合情理。

她露出一个微笑
就让我变成了傻瓜，
东晃西晃，
头脑逐渐空虚，
就像月亮离开后
星星在天空中闲荡。

尊严

她的善意就像月光，
如果那能叫作善意的话，
它毫无灵魂
对所有人都一视同仁，
我的悲伤仿佛只是
一幅壁画上的背景。

我躺在一棵歪脖子树下
就像一块石头。
我想变回去
就必须向飞鸟喊出
我心中的哀痛，但我沉默不语
为了保持人类的尊严。

美人鱼

美人鱼在水中看到一位年轻人，
就决定要得到他，
她把他紧紧缠住，
高兴地拖进水中；
在这残忍的幸福中，
她忘了心爱的人会被淹死。

死去的兔子

我指着那些狂吠的猎狗，
兔子向树林中跑去，
当我祝福她时，
她像恋爱一样开心，
垂下眼帘，
两颊绯红。

但是她突然变得烦躁，
让我的心头一紧
我回忆起那失去的野性，
随后，她潇洒地离开，
留我一个人在树林，
记录下那只死去的兔子。

干涸的杯子[1]

一个疯子快要渴死时
发现了一杯水，
但却不敢蘸湿嘴唇，
那来自月亮的诅咒，
只要再喝一口，
他的心儿就会破裂。
去年十月，我也找到一只杯子，
但它已经干涸枯萎，
我就这样发了疯，
从此夜夜难眠。

[1] 在塔罗牌中，杯子代表情感的付出。

回忆

不要在意他们的目光
神圣地进行展示，
身体像荆条般
被寒冷的北风吹折，
用来怀念死去的赫克托尔[1]
以及被世人遗忘的事。

女人们都不想回想
我曾经说过的话或做过的事，
她们只想抛弃曾经喜爱的羊羔
去找一头鸣叫的驴。

我那好像荆棘一般弯曲的手臂
也曾经被美人枕过，

[1] 古希腊传说中的特洛伊勇士，死于希腊英雄阿喀琉斯之手。

那最美的女子曾躺在这里
享受了无上的快乐——
因为她，强壮的赫克托尔被打败，
整个特洛伊被毁灭——
那时，她冲我喊道：
“我要是叫出声，就请你打我。”

夏天和春天

夜晚，我们坐在老树下
用闲聊打发时光，
我们讲述了诞生以来
经历的所有故事，
当我们把成长经历分享给彼此
发现我们拥有同一个灵魂，
如果现在投入彼此的怀抱中

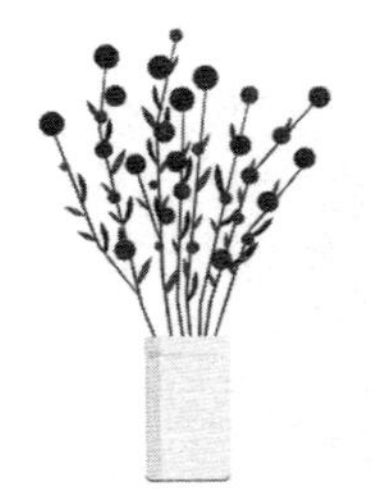

我们就会再次融为一体；
这时，彼得表现出愤怒，
因为之前他和她
也在同样的树下
聊起过他们的过去。
啊，遥想当年那棵树抽吐新芽，
鲜花灿烂地开放，
那时，我们是热烈的夏天，
而她是灿烂的春天！

旋转楼梯

（1933）

死亡

野兽垂死之时
既没有恐惧也没有希望；
一个人垂死之时
既渴望又期盼；
他死了无数次，
又重生了无数次。
一位真正的勇士
会直面那些凶徒，
并对那些生命的替代品
发出嘲笑。
他深深地懂得——
死亡是由人类创造。

三种运动

莎士比亚的鱼在远离大陆的海洋中畅游；
浪漫主义的鱼游入渔网，马上要落在人的手中；
那些是什么鱼？在岸边喘着气。

配乐歌词（节选）

听珍妮说末日审判

“如果不能完全得到
肉体和灵魂，
那种爱情
便没有意义。”
珍妮听说。

“你要是接受我，
就要接受痛苦，
我的情绪变幻无常，
嘲笑、生气或者发怒。”
“那肯定。”他说。

“我赤身裸体

躺在青草做成的床上；

在那黑暗的一天里

赤裸，遮掩。”

珍妮说。

“还有什么能体现

真正的爱情？

时间消逝后，

一切都会体现出来。”

“那肯定。”他说。

焦虑

大地已经装扮一新，
等着春天再次来临。
一切真爱都会死去，
最多变成某种
低级的事物。
证明我在说谎吧。

恋人的身体柔嫩美丽
呼吸娇弱绵长，
他们边感叹边爱抚，
每一次抚摸
都让爱情死掉一点。
证明我在说谎吧。

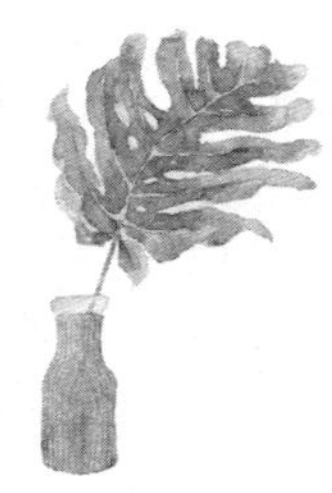

信心

为了获得永恒的爱，
我在这只眼睛的边缘
记录下
所有曾犯过的错。
为了得到永恒的爱
要付出何种代价？

猛烈的撞击
让我的心被劈开。
那又如何？我知道
爱情来自荒凉的岩石，
它面前是慢慢长路。

摇篮曲

宝贝，甜甜地睡吧，
在吃奶的地方沉入梦乡。
就算全世界都反对又怎样？
强壮的帕里斯躺在
海伦怀中的第一天清晨，
他在金色的床上入梦。[1]

宝贝，甜甜地睡吧，
就像野蛮的特里斯坦一样，
药水已经发挥作用，
雄鹿和雌鹿奔跑跳跃，

[1] 希腊神话中，特洛伊王子帕里斯诱拐了斯巴达王后海伦，引起了长达十年的特洛伊战争。

在栎树和山毛榉树下，
雄鹿和雌鹿奔跑跳跃；

沉沉地睡眠，就像
围绕着尤罗特斯[1]的绿色海岸，
在那里，神鸟实现了
自己的意愿，
它离开了丽达的怀抱，
但却未曾失去她的守护。

[1] 丽达是斯巴达的王后，斯巴达城位于尤罗特斯河谷。

久久地沉默

久久地沉默之后，再开口说话，
真好，其他情人已经离开或死去，
灯罩下闪烁着带有恶意的灯光，
窗帘后隐藏着带有恶意的黑夜。
我们可以谈论诗歌与艺术
那永恒的崇高的主题：
身体的衰老会带来智慧，
年轻时我们爱着对方，却并不知情。

女人的青年和老年（节选）

第一次告白

我承认，那根刺
虽然扎入我的头发
却没有伤到我；
我表现出的害怕
只是在假装，
只是在撒娇。

我内心渴望着真理，
但我却无法抗拒
那些不被我认可的东西，
因为我真心享受

吸引男人们的目光
所带来的成就感。

群星发出的光芒
好像都被我吸引，
为什么那些怀疑的目光
总是注视着我？
那些空虚的夜晚想要回答
除了躲开我，它们还能怎么办？

最后的告白

那些曾与我同床共枕的男人中
哪一位是我的最爱？
是让我爱得最苦，
让我付出灵魂的那一位，
而享受肉体的欢愉的情人
却使我最为快乐。

我笑着从他怀中逃走，
他充满激情，
竟然以为只要肉体相亲
我就会献出灵魂；
我又笑着跳进他怀里，想着
禽兽之间便是如此。

我和其他女子没什么两样
付出的都是衣裙之下的东西；
但当灵魂脱离肉体，
用赤裸面对赤裸，
它找到的那个人也会找到
不为他人了解的东西。

他付出，他得到回报，
然后行使他获得的权利。
虽然灵魂曾经痛苦地爱着，
但如今仍然紧抱着不肯分开，
甚至没有一只鸟敢在白天
打扰这欢愉。

思考

朋友，知己，
天资聪颖的女人，
她们的天赋、才华
都被青春所摧残，
都被残酷的
苦难的荣耀所践踏。

我已经修正了那些
残破的废墟和凋零的花朵；
我历经艰辛终于
获得了深刻的领悟：
我可以唤醒她们
那已熄灭的生命力。

这些形象都是什么？
她们眼神空洞地转过身，
把时间的重担卸下，
把衰老的腿伸直，徘徊着或者等待着。
是谁在点头，是谁在摇头？

选择

人类不得不用自己的智慧去选择
完美的生命，或者完美的工作，
如果选择了后者，就不得不放弃
幸福的天国，沉沦于黑暗之中。
故事结束之时，没有任何新鲜事。
不管幸与不幸，劳动总会有收获：
往日的迷茫换了一个空钱袋，
天亮时虚荣，天黑时悔恨。

新作

（1938）

美丽而高尚的事物

美丽而高尚的事物；崇高的奥利里；[1]
我父亲[2]曾在艾比剧院中，对狂热的观众说：
“这圣徒的天国，”等到掌声停止后他接着说，
“……中泥巴做成的圣徒们。”他顽皮而优雅地向后
扬了扬脑袋。
斯坦迪什·奥格雷迪[3]把手撑在桌子上
和醉鬼们谈论毫无意义的话题；
奥古丝塔·格雷戈里[4]坐在装饰着金漆的书桌前，
她即将迎来第八十个寒冬；“昨天他说打算要了我的命，

---

[1] 奥利里（1830—1907），爱尔兰革命者，叶芝的父亲曾为他画过像。

[2] 约翰·叶芝（1839—1922），曾在艾比剧院为进步戏剧辩护。

[3] 斯坦迪什·奥格雷迪（1866—1928），爱尔兰作家，历史学家。

[4] 奥古丝塔·格雷戈里（1852—1932），爱尔兰作家，叶芝的挚友。

我说每天晚上六点到七点，我都会坐在这里，
关上百叶窗。”茉德·冈尼在霍斯站等火车，[1]
她那笔直的腰身和骄傲的头脑中有雅典娜女神：
奥林匹斯的诸神，不再被人所知晓。

[1] 叶芝曾在他和茉德前往霍斯海滨游玩的前一天向茉德求婚，结果被拒绝。

曼妙的舞者

姑娘在花园整洁的草坪上
翩翩起舞，
那里刚修剪过草，处处是繁花，
她摆脱烦恼的青春，
摆脱拥挤的人群，
摆脱心里的阴影。
啊，舞者！啊，曼妙的舞者！

如果有个陌生人从屋里走出来，
要把她带走，切记不要说
她是因为失去了理智，才感到快乐；
温柔地把他们引开，
让她跳完她的舞蹈，
让她跳完她的舞蹈，
啊，舞者，啊，曼妙的舞者！

那些形象

我若是让你抛弃
思维的力量，会如何？
阳光和微风中
有一种更好的力量。

我没让你去
莫斯科或罗马，
快放弃那份苦差，
把缪斯召唤回来。

去找寻那些形象，
它们是田野，
狮子，处女，
妓女，儿童。

去空中寻找
展翅翱翔的鹰，
把那五种形象看清，
缪斯女神为他们高歌。

遗作

（1939）

布尔本山下

1

谨遵先贤的旨意，
在马略奥特湖畔[1]
正如阿特拉斯女巫所说[2]，
曾经约定要订立雄鸡之啼[3]。

[1] 马略奥特湖，位于埃及亚历山大城南。

[2] 雪莱的长诗《阿特拉斯的女巫》中提到了马略奥特湖。

[3] 雄鸡报晓预示着世界开始转变。

谨以各位骑手的名义，
他们仪表不凡，身姿矫健，
和长着长脸的朋友[1]
斗志昂扬，
获得永恒的激情。
这时他们在布尔本山下
奔驰过冬日的清晨。

下面是他们所说的话。

[1] 指空中驰骋的仙人仙马。

2

一个人无数次死去又重生，
他的两个永世
一个是种族，一个是灵魂，
古老的爱尔兰已了解一切。
一个人不管是在床上死去
还是死在枪击之下，
他最大的恐惧
是与心爱之人分离。
掘墓人的工作辛苦而疲惫，
他们的身体强健，他们的铁铲锋利，
但他们只是将死者
重新填回人类的思想。

3

米切尔曾经祷告
“上帝啊，请赐予我们战争！”[1]
当一个人说完了所有话语，
陷入疯狂的争斗时，
他的眼睛已经盲目，
他的思想已经狭隘，
他感到瞬间的轻松，
大笑起来，心中恢复了平静。
就算最具智慧的头脑也会紧张，
暴力也会充满心灵，
如果一个人未能完成自己的使命，
决定自己的工作或伙伴。

---

[1] 指约翰·米切尔（1815—1875），爱尔兰革命者，曾呼吁对英国开战。

4

诗人和雕塑家辛勤劳动，
入时的画家请别推脱
自己所继承的伟大事业，
把人类的灵魂交到上帝手中，
让他填满摇篮。

计算赐予我们力量：
一个冷峻的埃及人论述形式，[1]
伟大的菲狄亚斯[2]则将形式创造。

米开朗琪罗在西斯廷教堂
的穹顶留下了证明，

---

[1] 可能指新柏拉图派哲学家普罗提诺（205—570），他出生于埃及，对形式与质料有过深刻的论述。

[2] 菲狄亚斯（前480—前430），古希腊最伟大的雕塑家、建筑设计师。

在那儿，亚当只要随便撩拨，
就会使得全世界的贵妇人
心中燃烧起欲望之火，
在头脑的秘密工作完成之前，
证明已经设置了某种目的：
人类得到世俗上意义上的完善。

15 世纪的绘画大师用画笔
勾勒出上帝和圣徒的乐园
好让灵魂得到安宁；
在那儿，眼前全部都是
鲜花、草地和蓝天，

描绘得那么逼真，好像
睡醒之后仍然在梦中，
当它消失之后仍然宣告，
虽然只留下了一张床铺[1]，
天国之门曾经打开。

旋涡飞速旋转；
伟大的梦想已经破灭，
卡尔弗特，威尔士，布莱克以及克劳德[2]
为上帝的子民准备好床铺，
正像帕尔默所说，此后
我们的思想又变得混乱不堪。

---

[1] 柏拉图认为，有真理之床、木匠之床和艺术之床；文艺只是对临摹的临摹，和真理之间有两道门。

[2] 皆为叶芝关注的几个 17—19 世纪画家。

5

爱尔兰诗人，请发挥你们的天赋
歌颂各种精美的事物，
不要理会如今流行的
那些粗制滥造的东西，
它们失去前世记忆的头脑和心灵
是产生于低等的床上的低等事物。[1]
请歌颂农民，
歌颂骑马的乡绅，
和神圣的僧侣，
并模仿酒鬼开怀大笑；

[1] 柏拉图认为，灵魂投胎之后就会将崇高的真理遗忘，需要重新学习才能回归，否则等级就会降低。

歌颂快乐的老爷太太，

七个世纪之后

他们已变成尘土。

你们要把目光放到其他时代，

这样我们才能一直保有

坚韧不屈的爱尔兰精神。

6

一位叶芝[1]被埋葬在
荒芜的布尔本山下的鼓岭墓园中，
旁边有一座教堂，
路边立着十字架，一位先辈多年前
曾在这里做教长。
没有大理石，没有传统的铭文，
在产自当地的石灰岩上
遵循他的意愿刻着以下文字：

对生与死
冷眼相望。
骑士啊，继续前进！

[1] 指叶芝的曾祖父约翰·叶芝。

雕像

毕达哥拉斯的定理，为什么备受关注？
他提出的数[1]，虽然存在于
大理石和青铜雕像中，却毫无个性。
年轻的男男女女，在自己的床上
为爱而憔悴，但他们知道自己是谁，
爱的激情会赋予人个性，
于是在午夜到某个聚会中
把鲜活的唇吻在涂满铅粉的脸上。

不！那些人要比毕达哥拉斯更伟大，
他们用锤子和铁器为那些数据
创造出一具身体，把所有
亚细亚风格的朦胧巨像[2]都推翻，

---

[1] 毕达哥拉斯认为，数是世界的本质，很多艺术理念都受到他的影响。

[2] 法语中此词还有“澎湃巨浪”的意思。

而不是摇着船桨，在萨拉米斯岛上
与波涛搏斗。[1]
欧洲能够战胜巨浪的原因
是菲狄亚斯把梦想给了女人，
又把镜子给了梦想。[2]

一个形象跃过千山万水，
来到热带树林中，逐渐变得丰满厚重，[3]
与瘦削的哈姆雷特不同，这是一个丰腴的
中世纪梦想家。
空洞的眼中明白
知识带来的都是抽象之物，
而镜中之像就是所见的现实。

---

[1] 公元前480年，古希腊人在萨拉米斯战役中击退波斯军队。

[2] 意为希腊获胜的原因是文化艺术而非军事力量。

[3] 希腊艺术传播到东方，使佛教雕塑受到了影响。

钟声和号角响起，祈祷的时间到来，
一只老母猫向佛祖的虚空爬去。

皮尔斯把库胡林召唤来时，
是什么出现在了邮政局广场？[1]
怎样的智慧、计量和数字可以回答？
拥有古老传统的爱尔兰人，
却被肮脏的现代大潮所裹挟，
被它疯狂的暴力摧毁，
我们要在原本的黑暗之上，
才能描绘出那张过度粉饰的面庞。

[1] 帕特里克·皮尔斯（1879—1916），1916年复活节起义的烈士之一，他曾在邮政局广场发表演说。1935年，爱尔兰政府为了纪念他，在广场上树立了一座神话英雄库胡林的雕像。

青铜色的头像

入口处的右手边有一个青铜色的头像，[1]
超人般的形象睁着鸟一样的眼睛，
其他部分则已枯死。
坟墓中的鬼怪在空中盘旋
（虽然都已经死去，但也许还有所遗留）
但它那对自己歇斯底里症的恐惧
却没有任何办法得到减轻。

过去并不是幽暗的墓中鬼魂，她身材丰腴
好像充满了光明，
但她又是那样温柔。谁知道
哪一种形象才最能体现出她的内心？
也许她的内心本身就很复杂，

[1] 都柏林市立美术馆里有一尊晚年莱德的头像。

博学的麦克泰格特[1]认为，生与死的边界
就存在于一呼一吸之间。

虽然在一切还未开始的时候，
我就看到了她心中的狂野，
我知道那颗心一定遭受了痛苦，
所以她的灵魂被撕裂。彼此的相似
让我充满不切实际的幻想，我已经
发疯似的到处呼喊：“我的孩子，我的孩子！”[2]
我会以为她不属于这个现实的世界，

---

[1] 麦克泰格特（1866—1926），英国哲学家，认为所有事物都是复合的。

[2] 叶芝有时候吧茉德看作孩子。

她的眼中仿佛有一双更加冷酷的眼睛
向外看着这个污秽堕落的世界：
看着小树苗长成参天大树，又枯萎老去，
把传家宝扔进猪圈，
小丑和无赖玩弄着梦想，
想看一看还有什么事可以用大屠杀来解决。

幽灵

嘲讽没有什么危险，
于是我说起一个幽灵，
我并不想说服什么人，
也并未试图让聪明人称赞我的口才，
大众的眼光狡猾又无耻，
不值得信赖。
我曾见过十五个幽灵，
最可怕的是大衣挂在衣架上。

没有任何日子比我
计划的半独居的生活更好，
这样我可以和有趣的朋友
一起聊到深夜，
我说一些胡话，
而他从来不露出嘲笑。

我曾见过十五个幽灵，
最可怕的是大衣挂在衣架上。

一个人老去之后，他的快乐
就会越来越难以寻觅，
虽然精神已经不再空虚，
但他需要的是肢体的力量，
因为越来越深的夜晚
逐渐展示出她隐秘的恐怖。
我曾见过十五个幽灵，
最可怕的是大衣挂在衣架上。